자규야 알랴마는

자규야 알라마는

현광락 제2시조집

도서출판 문심

| 시인의 말 |

 나라는 사람, 어쩌면 이 땅에 태어나는 순간부터 삶을 향한 욕구가 굉장히 강했나 봅니다.
 돌아본 지난날은 배고픔과 서러움으로 범벅이 되는 소년 시절을 보내고 일찍이 혼자가 되어 살아야만 했던 청소년 시절 어쩔 수 없는 선택으로 어두운 추억을 만들게 되어 지독한 삶에 익숙해져야 했습니다.
다행인 것은 사랑하는 아내를 만나 가정을 꾸리고 아이들이 태어나 가족을 이루어 죽어도 좋을 만한 행복을 느끼는 삶에 만족하며 지금까지 왔습니다.
 제대로 배우지 못하여 부족한 지식으로 살면서 수많은 어려움이 있었지만, 좋은 사람들을 만나게 되어 뜻하지 않게 시인과 시조 인이 되는 영광을 얻게 되었습니다,
저에게 시인의 길을 걷게 하고 격려와 가르침을

아끼지 않으신 많은 분에게 진심으로 감사를 전합니다.

 서양화가 김기수 화백님, 언제나 많은 도움과 격려를 아끼지 않으신 부산문학인협회의 박선옥 회장님, 언제나 좋은 말과 글로 가르침을 주시고 격려로 힘을 주신 차달숙 명예회장님, 언제나 사랑으로 만나고 헤어질 수 있는 김병호 시인님, 당진 문인협회 이종수 지부장님, 유미경 사무국장님, 당진 시인협회 홍윤표 회장님, 그 외, 참 많은 문학인의 사랑 결코, 잊지 않겠습니다.

 어려서부터 고시조를 좋아하여 가슴에 새기길 좋아하고 스스로 시조를 만들어 보면서 우리 것을 사랑하는 마음으로 열심히 노력하려 합니다.

 부족한 모든 곳에서, 가르침을 원합니다.
아낌없는 지도와 편달 진심으로 부탁드리며 두서없는 글을 마칩니다.

石愛 현광락

| 차례 |

시인의 말 · 4

1부_ 세 월

세월 그리고 해	· 15
세월	· 16
세월의 틈 사월	· 17
세월의 늪	· 18
산행에서 만난 봄	· 19
가을 약속	· 20
희우루	· 22
후회	· 23
해거름	· 24
한복	· 25
하회탈	· 26
풀밭	· 27
파도	· 28
통일전망대	· 29
코스모스	· 30
천년 달빛	· 31
창덕궁 관광	· 32
조바심	· 33

2부_ 와 송

짧은 사랑	· 37
벗님 가시는 날	· 38
주포천	· 39
장터	· 40
장맛비	· 41
장날	· 42
작은 산행	· 43
인연	· 44
욕심	· 46
와송	· 47
오늘	· 48
염원의 노래	· 49
여름의 시작	· 50
여름날 김매기	· 51
어미의 숙명	· 52
백제의 달	· 53
백일홍	· 54
철로 종단점	· 55

| 차례 |

3부_ 백마강

어머니의 달맞이	· 59
어머니	· 60
앵두	· 61
안개	· 62
신림 초등학교 백 주년	· 63
백목련	· 64
백마강	· 65
밤송이	· 66
박꽃 사랑	· 67
미세먼지	· 68
문무왕	· 69
멍석딸기	· 70
매미의 칠 년 득도	· 71
만찬장	· 72
세트장	· 73
백제 한	· 74
뜨내기	· 75

4부_ 붉은 사랑

어린 시절	· 79
사월의 목련	· 80
사는 법	· 81
빨래터	· 82
빈 둥지	· 83
비 오는 날에	· 84
비각	· 86
붉은 사랑	· 87
부부싸움	· 88
봄맞이	· 89
봄날의 노래	· 90
보리수	· 91
복수초	· 92
햇살	· 94
벗님을 보내고	· 95
한여름	· 96
그 강가	· 98

| 차례 |

5부_ 도화주

거기서 거기	· 101
가을밤	· 102
가을밤의 노래	· 103
가을 문학기행	· 104
가야금	· 105
봉화산 봉수대	· 106
동강의 할미꽃	· 107
도화주	· 108
도화꽃 사랑	· 109
달팽이의 삶	· 110
달빛이 보낸 그리움	· 111
달맞이꽃	· 112
달	· 114
단오	· 115
님 생각	· 116
솔숲	· 117
개구리	· 118

6부_ 월영교

노인의 가을밤	· 121
노인 일자리	· 122
노년의 여유	· 123
낚시꾼	· 124
낙엽	· 125
낙동강	· 126
나를 기다리는 것들	· 127
월영교	· 128
꽃은 피어도	· 130
꽃샘추위	· 131
꽃구름	· 132
긴 꿈 가시는 아버지	· 133
그리움	· 134
그리운 친구여	· 136
공덕 자선 비	· 137
검진	· 138
아침노을	· 139

자규야 알랴마는

현광락 제2시조집

1

세월

세월 그리고 해

동편에 오른 햇살
서산으로 가는 길에
한 아름 세월 안은
뒷짐 진 저 늙은이
노을이 아름답다며
지난날을 그린다

어젯밤 서산 너머
조용히 숨어든 해
별 되어 슬픈 눈물
꽃잎에 흘리더니
바쁘게 아침을 열어
세월길에 나섰네

세월

서늘한
갈바람은
겨울을 재촉하고

단풍이
떨어지니
나목이 우는구나

어제는
즐거웠거니
잊어야 할 지난날

세월의 틈 사월

사월에 들어서니 봄바람 완연하다
현호색 피더니만 진달래 따라 피고
목련이 가득히 피어 세월의 틈 메운다

봄 재촉 빗줄기가 대지를 적셔주면
초록은 주인 되어 동산에 가득하고
초록과 꽃들로 덮여 시작되는 꽃 잔치

벚꽃이 화려하게 동산을 물들이면
연분홍 붉은 연정 도화가 아름답게
세월이 물들여 놓은 아름다운 틈이다

세월의 늪

철없이 뛰어놀던 어젯날 멀어지고
파릇한 새싹마다 봉오리 피어나도
세월의 늪에 빠지면 한순간일 뿐이니

피는 꽃 곱다 해도 한철을 못 채우고
벌 나비 왕래함도 낙화에 끊어지니
내 청춘 지는 황혼에 길어지는 그림자

오늘도 어제같이 공들여 치장해도
세월에 뒤안길은 소리 없이 지나는데
창공에 우는 철새만 세월 감을 알리네

엊그제 지나가는 짧은 봄 추억하고
황혼이 짙어짐에 옛일을 끊으려니
내 손을 잡은 아이도 세월 늪에 갇혔네

산행에서 만난 봄

굽이진 악산 길을 힘들게 올라 보니
산등성 잔설들은 나목 뒤에 남았는데
진달래 부푼 봉오리 봄바람이 머문다

산행길 오르려니 힘들고 어려워도
곱게 핀 진달래꽃 바위틈 어울리니
봄맞이 연분홍빛에 시름조차 잊는다

오르고 또 올라서 정상에 올라 보니
봄맞이 산행길에 잔설은 남았어도
산 아래 가득한 봄빛 산등성을 찾는다

가을 약속

앞산에 단풍 들어
고운 빛 가득하면

산허리 둘이 앉아
한잔 술 하자더니

벗님은 가고 없으니
가을빛도 섧구나

고왔던 산허리도
퇴색되어 스러지듯

온다던 정든 벗님
세월에 저버리니

가을날 고운 단풍도

뜬구름에 숨는다

희우루

누각에 숨은 영화
꿈꾸는 오백 년에
문무의 양반들은
표석만 남아있고
조선의 숱한 영화는
단청 깊이 숨었네

꽃 단청 옛 영화도
덧칠로 숨겨지고
희우루 숨은 비사
애달픈 전설이여
망국의 슬픈 이야기
해설사에 맡겼네

후회

이제 와
생각하니
지난날도 꿈이더라

가슴이
뛰던 날도
쓰라려 울던 날도

후회로
가득히 채운
안타까운 세월아

해거름

서산에 해 떨어져 붉은빛 가득한데
백발의 저 늙은이 옛일에 홀로 들어
뉘엿이 지는 해거름 시름 속에 앉았네

철새도 날 저물어 제집을 찾건마는
깊이든 회한으로 옛꿈을 꾸려 하니
발자취 멎는 곳마다 짙어지는 아쉬움

젠장 할 저 세월은 어둠을 재촉하니
달빛이 찾아들어 애틋함 가득한데
눈가에 이슬 맺히니 달빛 하나 숨는다

한복

세월이 흘러가도
한복은 곱디곱다
오천 년 민족혼은
옷깃으로 이어지고
소매는 자연을 닮아
가을날을 닮았네

한복의 아름다움
사계절 담겨있어
계절마다 고운 색감
한복에 아롱지고
한라산 백두산까지
민족혼이 둘렸네

하회탈

탈속에 감춘 얼굴
너와 나의 삶 이어 든
인생사 가는 길은
울 수도 웃을 수도
주름에 새겨진 웃음
감추어진 세월아

겉으로 웃는 모습
그대로 보지 마라
탈속에 숨은 얼굴
내 삶도 그러하니
겉으로 웃고 있어도
속으로는 운다오

풀밭

밭고랑

가득 메운

저 풀밭 어이할 고

잡초 하나 뽑으려니 작물도 뽑힐세라

한여름

뙤약볕 아래

땀방울이 영근다

참깨밭

차조 밭은

풀인지 작물인지

서투른 호미질에 뽑히는 참깨 한 폭

주인을

잘못 만나서

가을날도 못 보네

파도

고요의
수평선이
보내는 말간 파도
봄날의 고운 동산 쉼 없이 오르려니
백사장
모래톱으로
사라지는 파도여

저만치
봄날 동산
꽃 잔치 가득한데
억겁을 찾았건만 백사장 못 오르고
오늘도
포기 못 하고
밀려오는 파도여

통일전망대

전망대 찾아오신
구십의 저 할머니
강 건너 바라보며 짙어진 한숨이여
눈물이 그리움 되어
망향가를 적신다

얼마나 더 찾아와
한 서린 노래 해야
강 건너 북녘으로 한 척 배 갈 수 있나
저무는 세월 뜨락에
가슴 저민 슬픔아

코스모스

아직은 여름인데
코스모스 곱게 피어
시골길 양편에서
서로를 응원하고
가을날 진한 향기는
봉오리에 숨기네

하늘이 높아지고
바람이 서늘하니
잠자리 잠깐 쉬어
봉오리 찾아 앉고
꽃향기 채운 코스모스
가을날을 반긴다

천년 달빛

유람선 승선하여
낙화암 다다르니

그 옛날 삼천궁녀
호곡 성 들리는 듯

물결은 말없이 흘러
천년 한에 젖는데

한 맺힌 긴 세월도
꿈결로 사라지니

바래진 천년 영화
아는 듯 모르는 듯

천년을 기웃거린 달
달무리에 갇혔네

창덕궁 관광

누각에 숨은 영화
오백 년 꿈속인데
표석만 덩그러니
문무로 갈라서고
궁중의 채색만 남아
관광객을 맞는다

새롭게 칠한 단청
화려함 가득한데
그 옛날 부귀영화
어찌 다 버려두고
망국한 가득 안고서
슬픈 한이 되었나

조바심

병원의 급한 호출
가득한 근심 걱정

급하게 차를 몰아
병원을 찾아들어

긴 시간 기다리려니
쌓여가는 조바심

공모전 당선되어
함께하고 싶었는데

병원의 급한 호출
심사가 복잡하니

시간이 자꾸 흐르니
조바심만 생긴다

자규야 알랴마는

현 광 락 제2시조집

2

와송

짧은 사랑

석양을 바라보는
하얗게 센머리에
우연히 만나보는
이성의 동년 지기
늦게야 드는 지정에
그리움을 만든다

한 이틀 그리움에
만남이 어색해도
속마음 주고받아
편하게 마주 보니
노년에 맺어진 사랑
무엇을 더 바랄까

벗님 가시는 날

아이로 만났다가
늙은이로 가버리니

어릴 적 너의 모습
눈에 삼 삼 어리는데

수십 년 쌓아진 인연
깨어지니 허무라

*(친구의 마지막 환한 모습의 영정을 보면서)

주포천

개울에
드리워진
바위 위 정자 그림

수면에
바람이니
잔물결 춤을 추고

바위 위
고운 정자도
일렁임에 정겹다

장터

오일장 호객 소리
돌아보면 웃는 얼굴
한두 번 보던 이가
어느새 단골 되고
한세월 만나다 보니
정이 드는 얼굴들

오일장 전통시장
먹거리 가득하니
한낮이 되기 전에
취기 오른 어르신네
즐거워 웃는 소리로
오일장이 저문다

장맛비

하늘이 뚫린 듯이
퍼붓는 소낙비에
실개천 둑을 넘어
논밭을 쓸어간다.
무지한 천둥소리는
농부 마음 찢는데

물밑에 묻혀버린
초목은 차지하고
굵어진 빗소리에
가슴이 무너지고
이제는 멈추었으면
안타까운 기다림

장날

비릿한 내음으로 싱싱한 생선 자랑
풋풋한 풀 내음이 싱싱한 채소 시장
달콤한 과일 냄새로 잡아두는 발걸음

고등어 두어 마리 봉지에 넣어 들고
한낮에 걸친 술에 기분이 좋아지면
아들딸 먹일 생각에 발걸음도 가볍다

닷새에 오는 장날 나흘을 기다리고
장날의 시끄러움 웃음꽃 피어나니
인생 삶 기쁨과 슬픔 이곳에서 만난다

작은 산행

이르게
산행하여
팔아산 올랐더니

청명한
하늘 아래
눈 둘 끝 안 보인다

저 멀리
보이는 것이
아미산이 아니냐

인연

청홍색
한줄기 실
인연의 끈이 되어

부부로
살아온 삶
어느새 오십여 년

백 년간
해로하려니
쭉정이만 남았고

바쁘게
살아온 삶
기력이 쇠해지니

가을날

낙엽 되어

해로 한들 무엇하리

쭉정이

빈 가슴속에

한 서림만 깊구나

욕심

사랑도
욕심이고
미움도 욕심일세

내 것을
고집해도
이 또한 욕심이라

곁에다
욕심을 두니
편할 날이 없구나

와송

실바람 찾아들어
풍경을 건드리니
청아한 아름다움
대자연을 찾건마는
산사의 지붕 끝머리
와송 꽃탑 외롭다

푸르른 노송들은
바람에 춤추는데
산사의 제비집은
덩그러니 비어 있고
와송의 고운 꽃탑만
흔들림이 없구나

오늘

천년을
살아본들
미련이 없을 손 가

하루를
살아가도
마음이 즐겁다면

억겁의
세월이라도
오늘만은 못하리

염원의 노래

남북을 가로지른 삼팔선 가시밭길
얼룩진 피로 만든 철책선 잘라내면
삼천리 구석구석에 활짝 웃을 무궁화

촛불을 밝혀놓고 정성으로 비는 마음
한민족 통일 염원 빌고 빈 칠십여 년
삼팔선 사슬 허리띠 어느 때에 풀릴 고

가슴에 맺힌 설움 풀 길은 바이없고
산허리 철책선은 높아만 가는구나
섬뜩한 망령된 말에 민족혼이 떨린다

여름의 시작

짙어진 녹음 사이
싹이 튼 열기 하나
오월의 꽃잎 찾아
녹음으로 숨어들고
춘삼월 꽃들의 행진
기억으로 숨는다

녹음이 짙어지니
날벌레 짝을 짓고
개구리 노랫소리
어느덧 멈추더니
일 마친 트랙터들도
여름잠에 들었네

여름날 김매기

대낮에 찌는 더위
무섭고 가혹하다
불볕을 피하려고
아침에 김을 매니
땀 냄새 모기 대들어
아침 일도 못 할 짓

비 소식 아직인데
열기만 더해가니
갈라진 땅바닥에
힘없이 누웠건만
저놈의 잡초 뿌리는
악착같이 버틴다

어미의 숙명

소나무 가지 위에
꾸며진 보금자리

다정히 새끼 키워 제 갈 길 보내놓고

떠나간 빈집에 앉아
추억 찾아 머문다

혹여나 하는 마음
맘 졸여 기다려도

떠나간 자식들이 돌아올 리 있겠냐만

가슴에 이는 마음에는
잘살기만 바라네

백제의 달

한으로
맺힌 전설
고요로 잠자는데

달빛은
낙화암에
오늘도 찾아드니

서러움
안은 그림자
백마강에 숨는다

*(강원 시조시인 협회 공감 단시조 공모 차상 시)

백일홍

동짓달
찬바람에
떨고 있는 백일홍아

지난날
곱던 자태
추하게 변했구나

첫눈이
보고 싶으면
국화 뒤로 숨어라

철로 종단점

남북으로 갈라지고
허리에 줄 긋더니

이정표 걸릴 곳에
종단점이 웬 말인가

세월에 붉게 물들어
피눈물을 흘린다

오늘일까 내일일까
기다린 칠십여 년

북쪽의 지명으로
종단점 바뀌어라

내일을 향한 염원은
오고 감에 있단다

자규야 알랴마는

현광락 제2시조집

3

백마강

어머니의 달맞이

정월들

보름이면

달맞이하던 시절

빈 깻단 고이 묶어 마주 보게 세운 후에

달빛에

불붙여 놓고

소원 빌던 어머니

보름달

바라보며

합장한 두 손 모아

배고픈 보릿고개 다시는 오지 마라

배곯는

자식 없기를

울며 빌던 어머니

어머니

황혼이 짙어지니
세상이 붉어진 후

산허리 어둑하게
내리는 저녁이면

어머니 환한 미소가
어제인 듯 그리워

달무리 원 그리는
밤하늘 보노라니

생전의 내 어머니
달빛에 보이는데

흐려진 달빛 설움에
사무치는 그리움

앵두

볼수록 아름다운
앵두의 유혹이여
빛나는 영롱함에
내 마음 길을 잃고
햇살에 비친 네 모습
주저앉고 말았다

선녀의 입술인 듯
영롱한 붉음이여
머금은 이슬방울
햇살조차 숨어드니
가버린 옛 임 못 잊어
꿈속으로 든단다

안개

온 세상
덮어버린
안개가 가득하고

산허리
노송들도
숨은 듯 안 보이니

아침 해
노송을 찾아
산마루에 오른다

신림 초등학교 백 주년

치악산 높은 봉과
구학의 맑은 물로

반듯하고 참 되거라
가르침의 산실이여

수많은 인재 양성에
일백 년을 맞았네.

백 년을 뒤로하고
새롭게 만들 백 년

빛나고 또 빛나라
내 고향 초등학교

영광은 우리들의 것
새 백 년이 부른다

백목련

목련이
피운 꽃잎
볼수록 아름답다

떨어진
낙화조차
향기가 가득하니

이별한
고운임 찾아
그리움에 젖는다

백마강

백제의 부귀영화
전설만 남아있고
돌아본 그 옛날은
호곡이 가득한데
그 설움 차마 못 잊어
맴을 도는 백마강

처연히 젖어 드는
달빛이 애처롭고
낙화암 바위마다
한 서림 가득하니
백마강 서러운 물결
윤슬아래 숨었네

밤송이

떨어진
밤 한 톨이
흙 속에 숨었다가

봄날에
싹이 터서
여러 해 지나가니

무정한
세월 덕분에
밤송이가 열렸네

박꽃 사랑

내 사랑 고운 임을
달 가운데 보내놓고

밤이면 달빛 찾아
그리워 홀로 울어

뿌리는 달빛 속에서
불러보는 정든 임

보름달 닮은 박은
지붕에 얹혀있고

박꽃은 소복으로
못 잊어 애태우니

밤새워 내린 찬 이슬
꽃잎마다 맺힌다

미세먼지

안갠 줄
알았더니
가슴이 답답하다

답답함
풀어보려
산마루 올라 보니

산 아래
미세먼지가
안개 인양 둘렀네

문무왕

신비한
동해 일출
구름 위 오르는데

선인의
상서로움
바다에 가득함은

동해를
홀로 지키는
문무왕이 있었네

멍석딸기

산허리 감고 돌아
어디로 가려느냐
녹음이 짙고 짙어 네 갈 길 안보이니
저무는 저녁노을에
네 모습이 곱구나

황혼이 찾아들어
알알이 붉은 보석
고운 꿈 품에 안고 고운임 기다릴 제
서산의 노을 한 아름
가는 임을 세우네

매미의 칠 년 득도

어두움 가득 한 곳
칠 년을 기다린 후
어두움 벗어나서
하늘을 바라보니
별빛이 가득한 세상
꿈속 같은 시간아

이 한 밤 지새우면
신선이 홀로 되어
칠 년간 닦은 노래
원 없이 부른 뒤에
벗은 옷 한 벌 두고
별빛 찾아가리라

만찬장

결혼식
피로연에
서둘러 찾았더니

먹거리
진열장은
모두 다 닫혀있고

배고파
뱃속이 우니
남 들을까 겁난다

세트장

험준한 문경새재
옛 성터 생기더니
기와집 초가집이
줄줄이 지어놓고
선인들 희로애락을
안방으로 전하네

그 옛날 선인들의
애틋한 삶의 여정
처마 끝 풍경소리
옛 정취 더하는데
현장을 찾아가 보니
장사꾼만 앉았네

백제 한

한 맺혀
서린 아픔
잊혀짐 어이할꼬
백제의 천년 꿈을 아는 듯 모르는 듯
오래전
전설 속 사연
저 달빛은 알건만

달빛도
설워함에
달무리 애처롭고
낙화암 그림자는 어둠에 숨어드니
달무리
짙어진 구름
눈물 되어 흐른다

뜨내기

창공에
독수리가
봄 되니 안 보이고

기러기
울음소리
꽃피니 들리잖네

춘삼월
꽃피는 계절
가버리는 뜨내기

자규야 알랴마는

현광락 제2시조집

4

붉은 사랑

어린 시절

밤하늘 잔별들의
반짝임 가득하면

소쩍새 우는소리
고요를 깨뜨리면

개똥 불 반짝임 속에
옛이야기 듣던 곳

날 밝아 빨래터에
할미새 노래하면

푸르름 가득한 논
뜸부기 노래하고

맑은 물 흐르는 곳에
물고기가 뛰던 곳

사월의 목련

목련꽃 눈부시게
봄날을 여는 날에

그대의 아름다운
미소가 있었다면

목련향 가득한 봄날
행복 노래하련만

꽃잎이 너울대는
목련꽃 춤사위에

꽃향기 가득하여
벌 나비 찾건마는

내 곁에 임이 없으니
그리움만 쌓이네

사는 법

환하게
꽃 피울 때
많고 많던 발길들

꽃잎이
떨어진단
소식 듣고 돌아선다

아우는
꽃자리 너머
저녁놀은 더 붉고

*(계간 문심 시조 부문 신인상)

빨래터

아기의 울음소리
동네마다 들리던 때
빨래터 찾아가면
사랑 노래 가득 터니
지금은 들리지 않고
빨랫돌만 남았네

향수에 찾아들어
빨랫돌 앉았으니
옛 모습 아련하게
가슴을 파고들고
흘러간 지난날들의
그리움만 쌓인다

빈 둥지

봄날에
찾아올 땐
비둘기 집 짓더니

가을날
찾아보니
둥지만 남았구나

내년 봄
다시 찾아와
비둘기를 보리라

비 오는 날에

비 오고
바람 불어
소낙비 피하려니
그 누가
나를 불러
피할 곳 찾아주랴
오는 비
흘랑 맞으니
내 신세가 가엽다

세차게
내리는 비
처마 밑 홀로 앉아
옛 생각
찾으려고
실없이 웃어봐도

내리는

낙수 물줄기

길어지는 멍때림

비각

선행을 많이 하니
선적비에 기록되고
팔작지붕 곱게 덮어
공덕을 기린 비각
오늘은 나그네 하나
비를 피해 앉았네

세차게 오는 비에
비를 피해 앉았으니
선인의 비각으로
몹쓸 꼴 면했구나
착하고 선한 행위는
길이길이 남느니

붉은 사랑

홍매화
붉은 꽃이
붉어도 너무 붉어

가는 객
잡아두려
꽃잎이 춤을 추며

가슴에
품은 붉은 정
내려놓고 가라네

부부 싸움

부부 연 맺어지고
알콩달콩 살다 보니
파릇이 생긴 정에
다툼이 잦아 저도
바탕에 쌓인 옛정이
두툼하게 보이네

그 옛날 분홍 지정
세월에 색 바래도
잔소리 투박함에
진하게 묻은 사랑
울다가 웃다가 보니
백년해로 보인다

봄맞이

잔설이
슬그머니
자리를 내어주고

봄볕이
양지쪽에
녹색의 자리 깔면

실개천
버들강아지
봄을 맞아 웃는다

봄날의 노래

비둘기 슬피 울어
봄날을 노래하고
절절한 메아리는
계곡을 헤매는데
목동이 부는 풀피리
새 아침을 맞는다

새들의 고운 봄날
임 그려 노래하면
애타는 그리움에
서로를 찾건마는
봄날에 들리는 노래
정겹고도 슬프다

보리수

초여름
햇살 아래
붉은 사랑 토해내는

보리수
고운 빛깔
꽃보다 고운 자태

찾아든
햇살 어림에
쉬어가는 나그네

복수초

한겨울 내리는 눈
겹겹이 쌓여 있고
찬 바람 불어오는
뒷동산 깊은 곳에
외로이 봄을 기다려
움 틔우는 복수초

따듯함 등에 업고
햇살이 찾아들면
가녀린 몸 일으켜
햇살을 보자 하고
겨우내 숨겼던 꽃잎
하얀 눈을 헤친다

아직도 쌓인 눈은
잔설로 남았는데

무엇이 그리 급해

잔설을 헤치느뇨

기어이 하얀 눈 열고

꽃피우는 복수초

햇살

오르는 아침 해를 막아선 저 소나무
늘어진 긴 그림자 햇살이 걸어가고
피어난 수많은 꽃이 햇살 쫓아 걷는다

새 희망 품으라며 날마다 오르는 해
서럽던 지난 일도 추억에 담아두고
오늘을 즐겁게 살아 내일 날을 보라네

별들의 속삭임이 햇살에 숨어들고
간밤에 내린 이슬 햇빛에 반짝이면
하룻볕 드는 곳마다 새 희망에 젖는다

벗님을 보내고

한여름 무더위가
기승을 부리던 날
환하게 웃던 모습
기억에 심어놓고
기어이 어둠을 찾아
떠나버린 벗이여

영정의 환한 웃음
볼수록 안타까워
벗님을 보내려니
가슴이 아려오고
수많은 이야깃거리
혼잣말이 되었네

오늘 가버린 임이
참 많이 보고 싶네요

한여름

더위가
심해지고
녹음이 짙어지니

화려한
오월 꽃잎
가는세월 어이하리

철 따라
피어난 꽃도
세월 잠깐뿐이라

짙어진
녹음 속에
날벌레 흔해지고

뜨거운

햇살 아래

개구리 입 다무니

논마다

꽃 핀 벼포기

가을날을 그린다

그 강가

햇살이
찾아들면
윤슬이 반짝이고

수면에
원 그리며
물고기 노니는 곳

밤이면
소쩍새 울어
사랑 찾는 그 강가

5

도화주

거기서 거기

백매화 홍매화가
이른 봄 피었어도
눈길을 잡는 꽃은
홍매화 곱건마는
벌 나비 머무는 곳은
백매화가 좋아라

아무리 홍매화가
보기에 좋다 해도
백일을 못 견디고
낙화로 떨어지니
우리네 인생살이도
별다를 게 없거늘

가을밤

노을이
사라진 곳
별빛이 찾아들고

가을밤
고운 달빛
중천에 잠깐 쉬면

절절한
풀벌레 노래
별과 달이 듣는다

가을밤의 노래

가을날
지는 황혼
온 누리 물들이고
노을마저 잠이 들면 환하게 달이 올라
하얗게
피는 박꽃에
그리움을 남긴다

귀뚜리
슬피 울어
달맞이꽃 위로하면
달빛은 모르는 체 서산마루 넘어가니
오르는
아침 햇살에
주저앉아 운다네

가을 문학기행

산 좋고
경치 좋고
물 좋고 사람 좋아

눈에 든
풍경마다
시향이 드리우니

단풍에
잡힌 시심도
산허리에 머물고

가야금

가녀린 손가락에
춤추는 아름다움
청아한 현 울림에
마음이 맑아지고
음률은 허공을 넘어
무지개를 찾는다

영롱한 물 한 방울
옥 그릇 떨어지듯
천상의 소리 되어
하늘로 전해지면
견우와 직녀가 만나
꿈속에서 놀리라

봉화산 봉수대

하늘이 푸르른 날
작은 산 올라 보니

봉수대 육각정의
그늘이 시원하다

저 멀리 보이는 바다
여객선이 오간다

봉수대 옛 사연은
석 비에 적혀있고

불피워 지킨 터에
산업단지 가득하니

봉화대 사라진 불씨
국가 동력 되었네

동강의 할미꽃

새 아침
여는 동강
절벽 틈 저 할미꽃

제 모습
보려 하여
강물에 비추려니

아롱진
아침 물결에
마중하는 물안개

도화주

연분홍
고운 술을
임과 같이 마셨더니
고운임 양 볼에도 도화로 물 들으니
춘삼월
분홍빛 사랑
화전놀이 즐겁고

정든 임
옆에 있어
즐거움 가득한데
꽃잎도 나래 되어 바람에 내려앉아
도화주
짙은 향기에
주안상을 찾는다

도화꽃 사랑

춘삼월 좋은 날에
도화가 피어나니
연분홍 옛사랑이
살며시 눈을 뜨고
숨겨진 그리움 하나
도화 꽃에 머문다

도화 향 취한 나비
꽃술을 희롱하고
노곤한 햇살 아래
꽃 품고 잠이 드니
연분홍 꽃잎 내려와
살그머니 덮는다

달팽이의 삶

세상 삶 홀로 지고 어디로 가려느냐
천리를 가려느냐 만 리를 가려느냐
먼 훗날 되돌아보면 지난날이 좋더라

작은길 질러감도 멀기는 마찬가지
바람이 거칠다고 딴 길로 가려느냐
그 바람 보내고 나니 비가 더해 오더라

좋은 길 나쁜 길도 거기서 거기더라
살던 곳 멀리 떠나 외로움 홀로 타니
그래도 가야 할 곳은 고향밖에 없더라

달빛이 보낸 그리움

실바람 한줄기가 수면에 내려앉고
고요에 묻혀있던 수면이 일렁이니
그리움 한 아름 안고 윤슬 찾아 앉았네

둥글게 파문 일어 저 멀리 퍼져 갈 때
윤슬로 반짝이며 물결이 흩어지고
그리움 하나 찾아와 옛 생각에 젖는다

잊었던 그리움을 달빛이 찾아오면
지난날 아쉬움에 수심이 일렁이고
회한에 한숨 찾아와 달빛 옆에 머문다

달맞이꽃

해지면

곱게 피어

고운임 맞으려고

임 생각

수줍음에

달빛을 바라보다

그리워

밤새워 울고

스러지는 꽃잎아

혹여나

잊으셨나

내일은 오시려나

기어이

달 기울어

맘 졸여 기다려도

풀벌레

사랑 노래에

울먹이는 달맞이

달

물결에 부서지는
달빛이 아름답다
어득한 구름 속에
은근히 숨었다가
환하게 웃는 얼굴로
윤슬 아래 노닐고

조금 더 가던 달이
술잔에 찾아오니
타향의 나그네는
향수에 홀로 젖어
소쩍새 슬픈 곡조에
그리움만 쌓인다

단오

창포물
머리 감아
얼개 빗 곱게 빗어

곱게 딴
머리끝에
붉은색 댕기 매고

온 동네
처녀 총각들
그네 터를 찾는다

님 생각

그대의 고운 음성
꿈결에 들리는 듯
반가워 일어나니
달빛만 가득하고
차갑게 내린 달빛에
아려오는 내 마음

이렇듯 아픈 마음
둘 곳이 바이없어
복받친 서러움만
알뜰히 찾아드니
달빛을 가린 구름에
풀길 없는 내 심사

솔숲

구름이
좋아하는
솔향이 가득한 곳

느긋이
쉬어가려
솔숲에 누웠더니

쫓아온
바람의 힘에
밀려오는 아쉬움

개구리

봄바람 따라온 비 대지에 뿌려주면
개구리 찾아들어 봄 노래 부르더니
트랙터 굉음 소리에 숨어버린 개구리

쟁기로 논밭 갈 땐 그 많던 개구리가
트랙터 생기고는 아니 보여 서운 터니
어쩌다 개구릴 보면 반갑기만 하구나

그 옛날 개구리는 아이들 좋은 친구
길고 긴 세월 속에 노인이 되고 보니
어쩌다 보는 개구리 반가움에 빙그레

6

월영교

노인의 가을밤

하루를 마감하려
땅거미 짙어 오면
노을의 끝을 잡고
회한에 홀로 들어
돌아본 지나간 삶에
찾아드는 아쉬움

유정한 달빛 내려
손등에 머무는데
풀벌레 우는소리
절절히 파고들어
새벽달 넘어가도록
잠 못 드는 가을밤

노인 일자리

일자리 발대식에
노인들 모여들어
팍팍한 살림살이
돈 몇 푼 보태려고
걷기도 힘든 몸으로
참여하는 발대식

새해가 밝아오고
몸은 더 힘들어도
하던 일 멈추려니
건강이 나빠진다
차라리 일하겠다며
참여하는 발대식

노년의 여유

차갑게 부는 바람
겨울이니 당연하고

따스한 봄바람도
겨울 가니 오는 것을

수없이 겪어본 세월
그러려니 하는 맘

만개한 꽃동산도
봄이면 당연하고

가을 산 울긋불긋
찬 바람 훼방해도

황혼 길 가는 나그네
아쉬움만 남을 뿐

낚시꾼

석양에
그림자는
어둠에 묻힐 무렵

철새도
나래 접어
내일을 꿈꾸는데

미련에
낚인 낚시꾼
하세월만 잡는다

낙엽

단풍도
낙엽 되어
떨어진 바위 옆에

회색빛
진한 구름
눈 내려 덮어주니

잊혀짐
허무가 되어
쓸쓸함만 남는다

낙동강

낙동강 천삼백 리
사연도 천삼백 리
발원지 떠난 물이 사연을 품에 담아
고운 정 미운 정 안고
이별 끝을 가려네

발원지
고향 산천
떠나면 그만인데
가슴에 품은 사랑 이별이 길다 해도
저 넓은 바다 어딘가
기다리면 만나리

나를 기다리는 것들

초여름 녹음 짙은
작은 길 걷노라면
주홍색 부전나비
풀잎에 홀로 앉아
지나는 나그네 보려
기다리고 있었다

춤사위 하늘하늘
범나비 꽃을 찾고
노란색 붓꽃 머리
잠자리 앉아 쉴 때
햇살도 동산에 올라
기다림을 맞는다

월영교

노을 진
낙동강 변
나래 접는 백로 한 쌍

하루를 마감하려 노송 위에 내려앉고

나그네
피곤한 하루
강물 옆에 눕는다

강심에
달빛 하나
윤슬로 부서지고

월영교 오색 불빛 나그네 잡아끄니

흐르는

추억에 들어

잠자는 걸 잊었네

꽃은 피어도

온갖 꽃 곱게 피어
봄날을 열건마는

정든 임 곁에 없어 꽃 잔치 허사로다

고운 임 없는 봄맞이
찾아드는 잔 수심

꽃잎은 봄바람에
춤추듯 살랑이니

임 없는 꽃 잔치에 외로움 어이 하리

서러워 떨어진 꽃잎
수심 짙어 날 찾네

꽃샘추위

따듯 한 봄바람에
고운 꿈 꾸었더니
그 꼴이 보기 싫어
샘을 내는 꽃샘추위
찾아든 차가운 바람
떨고 있는 꽃잎아

차갑게 내린 눈에
꽃잎이 떨고 있고
설움이 복받치니
눈물도 얼어붙어
싸늘히 식어진 마음
주저앉고 싶어라

꽃구름

비 온 뒤 갠 하늘은
푸르름 산듯한데
저 멀리 뭉게구름
산마루 모여 앉아
햇살에 하얗게 피는
구름 꽃이 곱구나

한여름 긴 가뭄에
시원히 내려준 비
무더위 식혀주고
대지를 적셔준 후
청명한 하늘 수놓아
피어나는 꽃구름

긴 꿈 가시는 아버지

마지막

긴 꿈 향한

영면 속 아버지여

평생을 거친 삶에 참사랑 쏟으시고

기어이

긴 꿈 찾아서

떠나시는 아버지

평생에

진한 사랑

품속에 감추시고

마지막 꿈속까지 가슴을 졸이시며

기어이

세월 부름에

긴 꿈 가신 아버지

그리움

외로이 잠 못 들고
창밖에 눈을 두니
어두워진 밤하늘
달빛만 가득한데
가을밤 풀벌레 소리
애절하니 슬프다

옛 생각 젖어 드니
찾아든 그리운 임
귓가에 내려앉아
꿈결로 들려오면
그 옛날 고운 목소리
가슴 아린 임이여

외로이 가을밤을
나 홀로 끌어안고

수심으로 뒤척이며

새벽달 지새는데

가버린 달빛 향하여

아픈 마음 전하네

그리운 친구여

마음은 나비 되어
그대 곁 맴돌다가
한 포기 그리움을
가슴에 심어두고
그리워 보고 싶을 때
눈물 되어 보리라

청아한
하늘 위에
꽃구름 피어나듯
그 옛날 심은 정이 가슴에 사무치면
못 잊어
애타는 가슴
소리 내어 울리라

공덕 자선 비

이웃을 사랑하여 비석에 적힌 행적
먼 훗날 기억하려 비문을 새겨놓고
후세가 혹시 잊을까 구전으로 전하니

부자의 많은 선행 덕으로 구제하고
수상한 시절에도 공덕을 바로 세워
홍살로 액운을 막은 아름다운 공덕비

후세가 길 가다가 비 피해 앉았더니
고왔던 팔작지붕 세월에 설워해도
나그네 공덕비 덕에 소나기를 피했네

검진

어르신
되었다고
종합검진 받으란다

혹시나
하는 마음
작은 수심 생기지만

어쩌랴,
나이 들으면
시키는 대로 해야지

아침노을

붉은 기
토해내며
아침을 열어젖혀

노을이
붉어 오니
새날이 밝았구나

아이야
너도 일어나
저 하늘 좀 보려마

*(손자의 게으름을 보면서)

자규야 알랴마는

인쇄일 2025년 9월 10일
발행일 2025년 9월 15일

지은이 현광락
펴낸이 박선옥
펴낸곳 도서출판 문심

등록번호 제2017-000012호
주소 부산시 수영구 수영로 668 810호 (광안동 화목O/T)
전화 010-2831-4523
메일 psok0403@hanmail.net

ISBN 979-11-90511-35-3 03800

값 10,000원

∧∧∕ 한국예술인복지재단
* 본 도서는 2025년 **한국예술복지재단** 창작 지원 (디딤돌)으로 제작되었습니다.

본도서는 2025년 한국예술복지재단 창작지원 (디딤돌)으로 제작되었습니다.
저작권자 2025 현광락
이 책의 저작권은 저자에게 있습니다. 서면에 의한 저자와 허락없이 내용의 일부를 인용하거나 발췌하는 것을 금합니다.